NOS MÉCOMPTES

ET

NOS ESPÉRANCES

Paris. — Imp. de E. BRIÈRE et Cᵉ, rue Ste-Anne, 55.

NOS MÉCOMPTES

ET

NOS ESPÉRANCES

PAR M. GUIZOT.

(Extrait de la REVUE CONTEMPORAINE.)

PARIS,

AU BUREAU DE LA REVUE CONTEMPORAINE,

RUE DE CHOISEUL, 21.

1855.

NOS MÉCOMPTES

et

NOS ESPÉRANCES

I

Je rencontre deux sortes de personnes dont les dispositions m'attristent et m'inquiètent : les unes s'attachent obstinément, et quoi qu'il arrive, à ce qu'elles ont une fois cru et voulu ; les autres s'en détachent promptement, quand les mauvais jours viennent, avec ou sans regret. Ceux-là n'apprennent rien, ceux-ci oublient tout. D'une part, des aveugles incurables ; de l'autre, des égoïstes peureux ou des sceptiques découragés. Deux façons de perdre les bonnes causes, car il faut, pour les gagner, de la conviction et du bon sens, les vives lumières de l'expérience et les longues ardeurs de la foi. Qu'on s'éclaire et qu'on persévère : à ce double prix seulement, Dieu donne la force et permet le succès.

Nous avons subi bien des mécomptes. Je voudrais dire ce qu'à mon sens ils nous ont appris, et ce qu'ils nous laissent en droit d'espérer.

II

C'était, en 1789, la confiance générale que naturellement l'homme est bon, veut le bien, et le ferait presque toujours si, au lieu de le laisser libre, les vices des institutions sociales et les abus de la force ne venaient incessamment l'irriter, l'égarer ou le corrompre. Les philosophes affirmaient cela; le public le croyait. J'ai entendu un homme d'esprit, disciple fervent et sincère de cette école, dire sérieusement que les gardes-champêtres étaient la principale cause des délits forestiers. On s'en prenait aux gouvernements des crimes comme des malheurs des sujets, et ce n'était plus l'homme lui-même, mais la société qui avait à répondre de tout et pour tous.

Confiance pleine de charme et pour l'amour-propre et pour le cœur. Non-seulement l'homme se décharge ainsi d'un pesant fardeau, mais rien ne le gêne plus pour se complaire en lui-même, et aussi dans ses semblables. Il peut se livrer aux joies de la sympathie et aux jouissances de l'égoïsme, à la bienveillance comme à l'orgueil. Tout ce qui a été dit, écrit ou fait en 1789, atteste l'empire simultané de ces deux sentiments, pourtant si contraires; l'homme avait foi dans l'humanité comme en lui-même, à la fois présomptueux et affectueux, plein de son propre mérite et généreusement sensible au mérite de tous.

En même temps qu'il se croyait essentiellement bon, l'homme, en 1789, se croyait puissant, presque tout-puissant. Avec le sentiment de sa malignité native avait disparu celui de sa faiblesse. Si le mal n'est qu'un accident, fruit de causes extérieures, et non pas un fait intérieur, inhérent à la nature de l'homme, il appartient à l'homme de l'éviter ou de le réparer. Si les misères de la condition humaine et les vices mêmes de l'homme ne sont que le résultat des mauvaises institutions et des abus de la force, pourquoi l'homme ne parviendrait-il pas à les abolir? La sagesse peut guérir les suites de l'erreur, la science celles de l'ignorance, la force juste et bien organisée celles de la force égoïste et brutale. L'homme n'a pas fait le mal; c'est à lui de le défaire, à lui de réformer, de créer à nouveau la société humaine. Le chaos est devant lui; c'est son droit, c'est sa puissance d'y porter la lumière et l'ordre. Saisis, pour l'humanité, d'une ambition comme d'une estime illimitée, nos pères de 1789 croyaient ne vouloir que le bien, et pouvoir tout le bien qu'ils voulaient.

Ils ressentaient de plus, pour leur propre temps, une admiration pleine de plaisir et d'espérance. C'était un temps de lumières nouvelles, de progrès rapides, de civilisation expansive. Les mœurs s'adoucissaient, les esprits se développaient, les idées se propageaient en tous sens et à vue d'œil; la vie devenait, pour tous, facile et animée; il y avait, dans toute la société, une fermentation vive et féconde, une sorte d'épanouissement empressé et général, comme il arrive dans la nature au souffle du printemps. Se croire bons et puissants, et arrivés au jour de déployer, pour le bien commun, sa bonté et sa puissance, quelle séduction dans cette triple foi!

Séduction pleine d'erreur et de péril ! Erreur et péril que, depuis 1789, l'expérience met, d'année en année, dans un plus grand jour !

III

La vérité, quant à la nature de l'homme, est dans la foi chrétienne; c'est dans l'homme lui-même que le mal réside, il est enclin au mal. Je ne veux point faire ici de théologie ; mais je me sers sans hésiter de ses termes, qui sont les plus exacts et les plus clairs ; le dogme du péché originel est l'expression et l'explication religieuse d'un fait naturel, le penchant inné de l'homme à la désobéissance et à la licence. Je tiens ce fait pour évident aux yeux de quiconque s'observe lui-même avec sincérité. Pour le surmonter, il faut à l'homme deux freins : un frein intérieur, la foi en Dieu et dans ses lois morales; un frein extérieur, les lois humaines et une autorité capable de les faire respecter. Là où manque l'un de ces freins, l'autre ne suffit point; la force des lois humaines est impuissante à régler et à contenir seule les hommes en qui la loi morale fait défaut ; et, pour garder sur les hommes son empire, la loi morale a besoin que les lois humaines lui viennent en aide. Livré à lui-même et à sa pente, soit au dedans, soit au dehors, le cœur humain s'échappe et se perd.

Que ne nous est-il donné de communiquer, au-delà du tombeau, avec nos pères, d'entendre leur voix et de recevoir leurs conseils ! Que ne nous diraient-ils pas de leur erreur sur la bonté native de l'homme et de leur douleur quand une sinistre lumière est venue frapper leurs yeux ! C'est un cruel mécompte d'avoir rêvé le bonheur de l'humanité, et de se réveiller pour la voir plongée dans le sang et les larmes; mais avoir rêvé sa vertu, son innocence, et tomber tout à coup dans ses mauvaises passions déchaînées, le mécompte est plus cruel encore. Le spectacle des misères humaines navre l'âme ; celui des vices et des crimes humains la bouleverse. Le mal moral est, de tous les maux, le plus hideux à contempler. Nos pères de 1789 ont été condamnés à passer des perspectives du Paradis aux scènes de l'Enfer. Dieu nous garde de l'oublier !

Ils ont perdu leur confiance dans la toute puissance de l'homme, en même temps que dans sa vertu. Ils s'étaient crus maîtres de toutes choses, maîtres de réformer et de reconstruire la société selon leurs idées et leurs vœux, maîtres de disposer des faits sociaux comme d'une matière inerte qu'ils pouvaient rejeter ou modeler à leur gré. Ils ont rencontré partout la résistance, une résistance souvent aveugle, toujours vivace. Ils ont appris que les faits anciens, même usés par le temps et appelés à une régénération nécessaire, ne se laissent point manier selon le bon plaisir de l'esprit nouveau. Ces faits traités avec tant de dédain, institutions, croyances, mœurs, royauté, noblesse, clergé, parlements, corporations civiles ou religieuses, toute cette vieille société française n'a pas consenti à mourir. Pour en triompher, on ne s'est refusé aucun moyen, aucun excès ; on a déployé contre elle le fer et le feu ; quand l'œuvre du fer et du feu a été accomplie, les vainqueurs se sont trouvés en face d'une impuissance inattendue ; ils n'ont pu réaliser les plans au nom desquels ils avaient renversé l'ancien édifice ; pour construire le nouveau, il a fallu reprendre les pierres qu'ils avaient brisées, rentrer dans les ornières qu'ils avaient remplies de décombres : royauté, cour, noblesse, clergé, vieilles maximes et vieilles formes, tout a reparu ; les éléments jeunes de la société se sont empressés de revêtir les anciens costumes, de se loger sous les anciens abris. Même à ses plus grands jours, la puissance de l'homme se meut dans d'étroites limites ; elle subit l'empire des lois qu'elle méconnaît, des faits qu'elle détruit, des traditions qu'elle répudie. Elle a deux maîtres, Dieu et le temps : quand elle prétend secouer leur joug ou se passer de leur appui, elle retombe bientôt, ne rencontrant dans son essor que le vide et accablée sous son fardeau.

Comme sur la bonté naturelle et sur la puissance de l'homme, nos pères se sont trompés sur leur propre temps, sur la mesure de ses mérites et la valeur de ses progrès. Erreur bien naturelle et commune à tous les temps ; quel est le siècle qui ne s'aime et ne s'admire lui-même ? Mais le dix-huitième a dû être et a été entraîné plus loin que tout autre dans cette voie. Quel plus grand progrès, aux yeux des gens d'esprit, que celui qui fait, de l'esprit, la première des influences sociales ? Ce fut le caractère propre du dix-huitième siècle ; jamais le mérite purement intellectuel n'a valu tant de satisfactions à ses possesseurs ; satisfactions à la fois de justice et d'orgueil. Ils célébrèrent l'époque qui leur donnait l'empire. Le dix-huitième siècle fut, de plus, une époque agressive, une ère de critique et d'attaque contre les faits dominants et les puissances établies ; supériorité facile et qui s'arroge volontiers toutes les autres. Considérées à un point de vue purement philosophique et dans leur rapport avec l'essence même des choses, les idées de ce siècle, soit sur l'homme, soit sur la société, n'étaient pas toujours bien élevées ni bien profondes ; d'autres ont pénétré plus avant dans la connaissance de la nature humaine et des conditions vitales de l'ordre social. Mais au point de vue critique, et dans sa lutte contre les erreurs et les vices de systèmes et de pouvoirs en déclin, le dix-huitième siècle triomphait aisément ; et, en même temps qu'il s'enivrait de son triomphe, il jetait les hommes dans l'ivresse de l'espérance, leur prodiguant des promesses magnifiques, indéfinies, et les perspectives d'un avenir aussi heureux que glorieux, et qu'ils ne devraient qu'à eux-mêmes et à eux seuls. C'est un siècle, non seulement de sympathie passionnée, mais d'adulation idolâtre pour l'humanité, et c'est par là surtout qu'il a cessé d'être chrétien.

De toutes les idôlâtries, nulle ne se révèle et ne se décrie aussi promptement que celle qui a l'homme lui-même pour objet. L'idole était brisée avant que le dix-huitième siècle eût disparu.

Je passe de 1789 à 1830 et des mécomptes de nos pères à ceux de notre propre temps et de nous-mêmes.

IV

1830 ne ressemblait nullement à 1789. Point d'élan général et passionné du pays vers un avenir inconnu; point de prétentions ni d'espérances indéfinies. Le mouvement était limité, point dirigé contre l'état social, purement politique. Parmi les hommes qui y concouraient, les désirs et les efforts étaient divers : les uns ne cherchaient qu'à développer par les voies légales le régime constitutionnel établi; les autres en voulaient à la branche aînée de la maison de Bourbon, par souvenir des désastres de 1814, ou ne croyaient pas que, sous son règne, les intérêts nouveaux pussent être bien garantis, ni le régime constitutionnel mis en pleine vigueur. Derrière ces derniers marchaient le parti républicain et des groupes anarchiques, ardents et redoutables, mais encore dans l'ombre et contraints d'y rester, doutant eux-mêmes de leur force et retenus par la conscience de l'effroi qu'ils inspiraient. Le sentiment national, même passionné et prêt à accepter une révolution, n'allait pas au-delà d'un changement de dynastie et de l'extension des libertés publiques. Ceux qui auraient préféré qu'on n'en vînt pas là comptaient que du moins on n'irait pas plus loin; ceux qui voulaient aller jusque là promettaient et se promettaient à eux-mêmes de ne pas aller plus loin; ceux qui aspiraient à aller bien plus loin ne se croyaient pas encore en mesure de réussir, et se résignaient à attendre en poussant toujours.

L'événement fut d'accord avec cet état des partis et des esprits. Au sein d'une fermentation formidable et malgré le trouble de ses premiers pas, la monarchie nouvelle s'établit et se développa selon la pensée de sa fondation. Ce fut, pendant dix-huit ans, sous le drapeau de la France nouvelle, le régime constitutionnel sincèrement accepté et librement pratiqué. On a adressé au gouvernement de Juillet bien des reproches; il en est un qu'il ne saurait encourir; il a fait ce que les hommes de sens et de bien lui avaient demandé et ce qu'il avait promis; il a été fidèle à sa mission et à sa parole; il a vécu et il est tombé dans l'enceinte de la Charte qu'il avait jurée.

Pourquoi est-il tombé?

« Par ses propres fautes, disent ses adversaires ; par les fautes du Roi qui gouvernait trop et des ministres qui gouvernaient mal..» A ceux qui tiennent ce langage, je n'ai, quant à présent, rien à dire; je ne veux discuter aujourd'hui la conduite de personne, ni du gouvernement, ni des oppositions. Mais plus j'y pense, plus je m'étonne qu'on s'arrête ainsi à la surface des choses et dans le petit cercle des acteurs politiques, quand il est si aisé, en regardant plus haut et plus loin, de reconnaître les vraies causes de nos mécomptes et de nos revers.

Voici des erreurs que je n'impute en particulier à personne, et qui ont été communes à tout le monde, au pays comme au gouvernement, à l'opposition comme au pouvoir. Ce sont celles-là qui nous ont perdus, et qui, depuis tant d'années, promènent la France de révolution en révolution.

Nous sommes, en fait de vertu, d'aptitude et de lumières politiques, beaucoup moins avancés que nous ne croyons; nous nous flattons incessamment nous-mêmes, et les uns les autres, au grand dommage de tous.

Je parle de vertu au risque de dire un lieu commun, qui cesse d'en être un quand on l'oublie. La liberté a besoin de vertu. Les nations ne sont capables de se gouverner elles-mêmes que lorsque les âmes se gouvernent fortement elles-mêmes. Je ne crois pas calomnier mon temps en disant que ce qui lui manque précisément, c'est le ferme gouvernement des âmes par elles-mêmes. Le bien moral n'a point péri parmi nous, mais la foi morale chancelle en nous. Il y a, de nos jours, beaucoup de conduites honnêtes et beaucoup de consciences faibles ; la pratique ordinaire de la vie vaut mieux que les principes. Grand péril quand les tentations de la liberté vont croissant chaque jour. Nous avons tenu trop peu de compte de ce mal moral de notre temps; nous avons porté trop de confiance à l'empire de l'habitude, de l'intérêt bien entendu, de la répression légale, de tous les freins extérieurs. Nous nous sommes laissé endormir par les apparences de l'ordre. Il peut arriver que l'ordre règne à la surface de la société, et qu'en même temps les idées corruptrices, les sentiments pervers se répandent au fond, et pénètrent dans ces régions intérieures où la gangrène gagne rapidement si elle n'est repoussée par la piété et la vertu. Nous avons laissé le public trop exposé à cette contagion sourde, aux mauvais spectacles, aux mauvaises lectures, aux mauvais exemples, à toutes les mauvaises influences. Nous avons trop compté sur la moralité nationale en même temps que nous faisions trop peu pour la défendre et la raffermir. Ce contrepoids a manqué à la liberté.

Nous avons eu aussi, dans notre aptitude et nos lumières pour un régime de liberté politique, trop de confiance. Jusqu'ici l'éducation politique de la France s'est faite surtout à deux écoles, les livres et les révolutions : deux maîtres bien insuffisants ou bien mauvais pour apprendre à un peuple à se gouverner lui-même. A ceux qui s'en nourrissent, les livres donnent une intelligence politique toujours un peu vague et présomptueuse, et qui les rend plus propres à dogmatiser ou critiquer qu'à décider et agir. L'influence des livres ne s'exerce d'ailleurs qu'à la surface et dans une couche très mince de la société; on ne sait pas assez combien ils pénètrent peu avant, et à quel point la masse de la population demeure étrangère aux idées et aux connaissances qui ne se propagent que par cette voie. En sorte que là où la littérature est le principal agent des notions politiques, la sympathie et l'équilibre intellectuel se rompent entre les classes élevées et le peuple; ils cessent bientôt de se comprendre et de penser en commun. Les révolutions sont une école plus générale et plus efficace; elles donnent un enseignement politique qui pénètre partout, mais non pas pour porter partout les vraies et patriotiques lumières. Elles ouvrent et aiguisent les esprits, mais en les jetant hors des bonnes voies; elles corrompent, ou glacent, ou énervent les cœurs; elles propagent le culte de la force et de la fraude, non celui du droit et de la liberté; elles font des libertins habiles à profiter de tout, des poltrons dociles à tout, et des honnêtes gens découragés qui, au jour de l'épreuve, se retirent de toute pensée publique et se renferment dans leurs intérêts privés, se jugeant incapables de faire eux-mêmes les affaires de leur pays. On compromet leur propre sort quand on en remet tout le soin à des générations si peu ou si mal préparées pour le gouvernement et la liberté.

Nons nous sommes fait illusion sur les conditions de notre gouvernement comme sur les forces morales et les progrès politiques de notre société. Au lendemain d'une révolution et au milieu d'un accès de fièvre révolutionnaire, nous tentions de fonder une monarchie, une monarchie libre, et à nos premiers pas dans cette grande œuvre, nous nous sommes trouvés en présence d'un parti monarchique profondément divisé; nous n'avons eu, pour défendre le pouvoir et les lois, qu'une portion de l'armée naturelle du pouvoir et des lois. Nous ne nous sommes point découragés; nous n'avons point, à cause de l'extrême difficulté, volontairement réduit nos devoirs et notre ambition; nous avons persisté à défendre l'ordre en respectant, en agrandissant la liberté. Tant que le péril social a été imminent, tant que la sûreté et les premiers intérêts de la vie commune ont été menacés, le pouvoir nouveau a suffi à sa tâche; il avait, contre ses ennemis de l'ancien régime, les forces de la révolution, et contre ses ennemis révolutionnaires les forces de tous les honnêtes gens effrayés. Mais quand la question d'ordre public a été vidée, la question d'ordre politique est revenue; c'est du jour où la monarchie nouvelle a paru fondée qu'une grande lacune s'est révélée dans ses fondements.

J'ai constamment soutenu la cause des classes moyennes, qui est la mienne, et, dans nos luttes, j'ai eu l'honneur de porter leur drapeau. Pourquoi hésiterais-je à leur dire ce que me disait en 1843, pour mon propre compte, M. Royer-Collard : « Vous faites de la bonne politique, de la politique sensée et honnête; vous vous faites beaucoup d'honneur; mais vous ne réussirez pas : vous avez contre vous les légitimistes et les révolutionnaires, le feu d'en haut et le feu d'en bas; c'est trop à la fois. » Les classes moyennes ont raison et droit de prétendre à une grande part, à une influence en définitive prépondérante dans le gouvernement de la France; mais, seules, elles ne suffisent pas à gouverner. Deux fois, en 1789 et en 1830, leur victoire les a trompées; elles ont cru qu'elles pouvaient en même temps attaquer en haut et résister en bas, détruire et fonder. L'expérience a démenti leur confiance. Le temps actuel n'admet pas ce double triomphe; la fermentation anarchique qui travaille les sociétés modernes est trop vaste et trop profonde pour ne pas surmonter les forces conservatrices quand elles se divisent. Ce n'est pas trop de leur union et de leur action commune pour résister avec succès.

Je dis résister, car la résistance est, quoi qu'on en dise, la première mission du gouvernement; c'est essentiellement pour réprimer les volontés déréglées qu'il est institué. Mais cela fait, il a encore autre chose à faire; il a à seconder et à diriger le développement de l'homme et de la société en tous sens, dans l'ordre moral et dans l'ordre matériel. L'homme n'a pas été placé sur la terre uniquement pour y vivre, mais pour y grandir, pour y déployer, selon les lois et les desseins de Dieu, les richesses et les forces de sa nature. C'est le but, c'est la condition du gouvernement de marcher en tête de l'humanité dans l'accomplissement de ces grandes destinées humaines. Après de longues hésitations, des fautes graves, de douloureux revers et d'intolérables alarmes, la société peut se jeter dans les bras du pouvoir, et ne lui demander que l'ordre, condition *sine quâ non* de son existence. Mais elle ne se résigne pas longtemps à une si petite ambition; ses forces actives se réparent dans le repos; elle se relève; elle aspire à rentrer dans le noble travail dont elle était si lasse; et il faut que son gouvernement l'y conduise. S'il ne veut pas ou ne sait pas, s'il est incapable de se prêter à cette mission de vie et de progrès social, il cesse bientôt aussi d'être capable de sa mission d'ordre et de sûreté publique; et alors, gouvernement et nation, ou bien se séparent par de violents déchirements, ou bien tombent ensemble dans cette apathie qui annonce la décadence et prépare la mort.

Que les classes moyennes souffrent encore, d'un ami dévoué, cette vérité : seules, elles ne suffisent pas plus au progrès qu'à la résistance, à la liberté qu'à l'ordre. Elles jouent dans la société un rôle éminent; elles exercent les professions intellectuelles et font valoir les richesses matérielles. Par-là, elles font deux grandes choses : elles entretiennent et renouvellent incessamment l'activité sociale ; elles développent et mettent en lumière le mérite personnel d'hommes nouveaux, et elles les portent à leur juste rang. C'est d'elles surtout et de leurs travaux qu'émanent le mouvement ascendant et la force expansive de la société. Mais, dans ce grand rôle, les classes moyennes donnent souvent contre deux écueils : tantôt se laissant emporter à leur élan, elles se précipitent, par passion ou imprévoyance, dans les nouveautés les plus contraires à leurs vrais intérêts; tantôt, lassées et alarmées par les crises qu'elles ont elles-mêmes suscitées, elles se dégoûtent de la politique, rentrent exclusivement dans la vie civile, et ne demandent plus que la sécurité des intérêts privés dont elles font leur unique affaire. Tour à tour elles s'agitent ou elles abdiquent, tantôt exigeantes, tantôt complaisantes outre mesure envers le pouvoir; et tour à tour l'ordre et la liberté souffrent également de leurs brusques oscillations. Il faut, à ces dispositions des classes moyennes, un contre-poids qui tantôt les contienne dans leurs ardeurs, tantôt les soutienne dans leurs défaillances; et ce contre-poids ne peut se rencontrer que dans l'influence politique des classes dont la fortune est plus faite et la situation plus fixe, dont la pensée et le temps sont moins absorbés par le travail des intérêts privés, et qui, portant naturellement dans les affaires publiques plus d'esprit de suite, ne sont pas sujettes à passer si soudainement de l'opposition à la docilité et de la docilité à l'opposition.

Quand on veut exciter l'humeur et la méfiance des classes moyennes, on dit que ce sont là des tendances aristocratiques et d'ancien régime. Je n'ai nul penchant à braver des sentiments dont je connais l'empire; mais je ne saurais non plus me résoudre à avoir peur des mots à ce point qu'ils m'empêchent d'aller au fond des choses pour les voir telles qu'elles sont, et je respecte trop mon pays pour ne pas être, avec lui, aussi franc qu'avec moi-même. Je me permettrai de reproduire ici ce que je disais, il y a six ans, à propos de la même question.

« Qu'on examine toutes les sociétés humaines, de tous les lieux et de tous les temps : à travers la variété de leur organisation, de leur gouvernement, de leur étendue, de leur durée, des genres et des degrés de leur civilisation, on trouvera, dans toutes, trois types de situation sociale, toujours les mêmes au fond, quoique sous des formes très diverses et diversement distribués :

« Des hommes vivant du revenu de leurs propriétés, foncières ou mobilières, terres ou capitaux, sans chercher à les accroître par leur propre travail;

» Des hommes appliqués à exploiter et à accroître, par leur propre travail, les propriétés foncières ou mobilières, terres ou capitaux de tout genre qu'ils possèdent;

» Des hommes vivant de leur travail, sans terres ni capitaux.

» Ces diversités, ces inégalités dans la situation sociale des hommes ne sont pas des faits accidentels ou spéciaux à tel ou tel temps, à tel ou tel pays; ce sont des faits universels, qui se produisent naturellement dans toute société humaine, au milieu des circonstances et sous l'empire des lois les plus différentes. . . . .

. . . .

» Quel est le sens, quelle est la portée de ces faits? Y trouverions-nous les anciennes classifications de la société? Les anciennes dénominations de la politique y seraient-elles applicables? Y aurait-il là une aristocratie en présence d'une démocratie? ou bien une noblesse, une bourgeoisie et la multitude? Ces diversités, ces inégalités des situations sociales et politiques formeraient-elles, tendraient-elles à former une société hiérarchiquement classée, analogue à celles qu'a déjà vues le monde?

» Non certainement. Les mots *aristocratie, démocratie, noblesse, bourgeoisie, hiérarchie* ne correspondent point exactement aux faits qui constituent aujourd'hui la société française, n'expriment point ces faits avec vérité.

» N'y a-t-il, en revanche, dans cette société, que des citoyens égaux entre eux, point de classes réellement diverses, ou seulement des diversités, des inégalités sans importance politique? Rien qu'une grande et uniforme démocratie, qui cherche sa satisfaction dans la République, au risque de ne trouver que dans le despotisme son repos?

» Pas davantage : l'une et l'autre assertions méconnaîtraient également l'état vrai de notre société. Il faut secouer le joug des mots et voir les faits tels qu'ils sont réellement. La France est à la fois très nouvelle et pleine de passé. Sous l'empire des principes d'unité et d'égalité qui président à son organisation, elle renferme des conditions sociales et des situations politiques profondément diverses et inégales. Il n'y a point de classification hiérarchique, mais il y a des classes différentes. Il n'y a point d'aristocratie proprement dite, mais il y a autre chose que de la démocratie. Les éléments réels, essentiels et distincts de la société française, tels que je viens de les décrire, peuvent se combattre et s'énerver; ils ne sauraient se détruire et s'annuler les uns les autres : ils résistent, ils survivent à toutes les luttes où ils s'engagent, à toutes les misères qu'ils s'imposent mutuellement. Leur existence est un fait qu'il n'est pas en leur pouvoir d'abolir. Qu'ils acceptent donc pleinement ce fait. Qu'ils vivent ensemble et en paix. La liberté comme le repos, la dignité comme la prospérité, la grandeur comme la sécurité de la France sont à ce prix [1]. »

Il en a coûté cher à la France d'avoir méconnu cette nécessité : les classes anciennement et les classes nouvellement prépondérantes sont tombées tour à tour dans la même fatale erreur : tour à tour elles se sont laissé aller à croire que, parce qu'un jour elles avaient vaincu, elles pouvaient suffire seules à tous les grands intérêts sociaux, à la résistance et au progrès, à l'ordre et à la liberté; et, frappées, dans leur désunion, de la même impuissance, elles ont vu tour à tour l'ordre et la liberté, la résistance et le progrès périr également entre leurs mains.

V

J'ai retracé nos mécomptes, sans les exagérer, je crois, et sans en rien dissimuler. Ils sont grands, et de grande conséquence pratique. On le voit bien. Est-ce à dire que nous devions désespérer de notre temps et de notre cause ?

Personne n'est plus loin que moi de le penser.

Ce serait désespérer de toute notre histoire, de toute l'activité, de toute la destinée de la France, que dis-je? de l'Europe chrétienne, depuis quinze siècles.

Notre temps n'est point une déviation de notre passé, un accident imprévu, une étrange inconséquence, une maladie qui soit venue troubler le cours d'une santé forte et prospère. Nous marchons, depuis quinze siècles, dans les voies où nous avons fait, de nos jours, de si grands pas et de si grandes chutes.

Un principe, une idée, un sentiment, comme on voudra l'appeler, plane, depuis quinze siècles, sur toutes les sociétés européennes, sur la société française en particulier, et préside à leur développement; le sentiment de la dignité et des droits de tout homme, à ce titre seul qu'il est homme, et du devoir d'étendre de plus en plus, à tous les hommes, les bienfaits de la justice, de la sympathie et de la liberté.

La justice, la sympathie, la liberté ne sont pas des faits nouveaux dans le monde; elles n'ont pas été inventées il y a quinze siècles; Dieu en a, dès le premier jour, déposé dans l'homme le besoin et le

[2] *De la Démocratie en France* (1849), p. 76-78, 99-101.

germe; elles ont tenu leur place et exercé leur empire dans tous les pays, dans tous les temps, au sein de toutes les sociétés humaines. Mais jusqu'à notre Europe chrétienne, des limites fixes et à peu près insurmontables avaient marqué et resserré étroitement la sphère de la justice, de la sympathie, de la liberté. Ici la nationalité, ailleurs la race, la caste, l'origine servile, la religion, la couleur, interdisaient à un nombre immense d'hommes tout accès à ces premiers biens de la vie sociale. Chez les plus glorieuses nations, la justice, la sympathie, la liberté étaient refusées sans scrupule aux trois quarts de la population ; les plus grands esprits ne voyaient dans cette spoliation qu'un fait naturel et nécessaire, une condition inhérente à l'état social.

C'est le principe et le fait chrétien par excellence d'avoir chassé de la pensée humaine cette iniquité, et d'avoir étendu à l'humanité tout entière ce droit à la justice, à la sympathie, à la liberté, borné jusque-là à un petit nombre et subordonné à d'inexorables conditions. On a dit d'un grand philosophe que le genre humain avait perdu ses titres et qu'il les lui avait rendus ; flatterie démesurée et presque idôlâtre ; ce n'est pas Montesquieu, c'est Jésus-Christ qui a rendu au genre humain ses titres. Jésus-Christ est venu relever l'homme sur la terre, en même temps que le racheter pour l'éternité. L'unité de Dieu maintenue chez les Juifs, l'unité de l'homme rétablie chez les Chrétiens, traits éclatants où se révèle l'action divine dans la vie de l'humanité.

Ce rétablissement de l'unité humaine dans le monde chrétien n'a pas été une œuvre facile, ni prompte, ni pure, et bien s'en faut qu'elle soit partout accomplie ; des intérêts matériels, des passions brutales, l'égoïsme, l'orgueil, l'indifférence, l'emportement, les nécessités du moment, les combinaisons de la politique, ont entravé, ralenti, souillé le développement de l'idée chrétienne ; mais elle n'a jamais abdiqué, jamais disparu ; toujours présente et luttant toujours, elle a pris à son service les instruments les plus divers ; c'est tantôt l'Église, tantôt la Royauté, ici les nobles, là les bourgeois, ailleurs la multitude, aujourd'hui le pouvoir, demain la liberté, qui se sont faits les champions de l'expansion de la justice et de la sympathie au profit de toutes les créatures humaines. De gré ou de force, par devoir ou par calcul, tout le monde a mis tour-à-tour la main à cette grande œuvre ; savants ou ignorants, pieux ou incrédules, tous les siècles lui ont fait faire des pas plus ou moins laborieux, plus ou moins rapides. Elle a rempli toute notre histoire, et, à toutes les époques, elle a été considérée comme le plus éclatant symptôme du progrès de la civilisation, comme la civilisation même.

Le sentiment public ne s'est point trompé en lui donnant ce nom, et les faits le confirment avec éclat. Dans les pays où l'idée chrétienne s'est hardiment développée, à mesure que ce droit commun de l'humanité s'est répandu et appliqué à un plus grand nombre d'hommes, la société a grandi en puissance, en activité, en fécondité, en prospérité et en gloire. Des abîmes se sont rencontrés dans cette carrière de notre Europe, et, loin de les éviter, elle s'y est plus d'une fois précipitée; elle a commis beaucoup d'erreurs, de fautes, de crimes; le bien et le mal se sont mêlés dans une confusion déplorable; on peut adresser à notre civilisation d'amers et légitimes reproches; on peut signaler, dans ses idées et dans ses actes, de funestes égarements; gouvernements et peuples, dévots et philosophes, aristocrates et démocrates, conservateurs et libéraux de tous les pays et de tous les siècles, ont, devant Dieu, de redoutables comptes à rendre; et c'est le droit de l'histoire de les leur demander ici-bas, et de dire la vérité sur les morts pour l'instruction et le salut des vivants. Aucune époque, aucun événement, aucun système, aucun parti n'a droit de se plaindre d'être ainsi sévèrement interrogé et jugé; et que fais-je moi-même aujourd'hui quand je sonde sans pitié les mécomptes de nos pères et les nôtres? Mais ces rigueurs une fois exercées, nos erreurs et nos torts une fois reconnus, voici les vérités qui demeurent. L'Europe entière, et notamment la France, marchent, depuis quinze siècles, dans les mêmes voies d'affranchissement et de progrès général. Ces voies ont conduit les peuples qui s'y sont le plus résolument engagés à ce haut degré de puissance, de prospérité et de grandeur que nous appelons, et que nous avons droit d'appeler la civilisation moderne. Cette civilisation est surtout le fruit de cette grande idée que tout homme, à ce titre seul qu'il est homme, a droit à la justice, à la sympathie et à la liberté. Cette idée a sa source dans l'Évangile; c'est Jésus-Christ qui l'a fait entrer dans le cœur humain, pour passer, de là, dans l'état social.

Dieu ne trompe pas le genre humain; les peuples ne se trompent pas constamment dans le cours d'une longue destinée; l'abîme n'est pas au bout de quinze siècles de mouvement ascendant; ce qui a été, depuis quinze siècles, un principe de vie et de progrès, n'est pas aujourd'hui une cause de décadence et de mort.

VI

Un autre fait doit aussi nous rassurer; d'autant plus qu'il ne nous rassure qu'en nous avertissant, et qu'il contient autant de danger que d'espérance.

Notre passion, non pas précisément la passion du jour actuel, mais celle de 1789 et de notre temps en général, c'est l'ambition, une ambition démesurée dans la pensée et dans la vie, un désir ardent de changement, de nouveauté, de progrès. Dans l'ordre moral et dans l'ordre matériel, en fait d'idées, d'institutions, de mœurs, l'esprit d'innovation travaille et emporte les hommes; le passé leur déplaît, le présent ne les satisfait point, c'est l'avenir qu'ils invoquent; tantôt un avenir qu'ils conçoivent et règlent selon leur fantaisie, tantôt un avenir obscur, inconnu, n'importe presque lequel, pourvu qu'il soit nouveau et différent de l'ordre établi qui paraît odieux ou insipide, pesant ou épuisé. Cette soif d'innovation, cette fièvre d'espérance s'est produite, depuis bientôt un siècle, en tous sens, sous toutes les formes, dans toutes les couches de la société; elle a enfanté ces innombrables tentatives pour transformer la France et le monde, systèmes, révolutions, guerres, conquêtes, constitutions, dynasties, fantômes qui ont passé sans nous contenter et nous arrêter plus de quelques jours. C'est tantôt au sommet, tantôt dans les régions moyennes de la société, au sein des loisirs de l'esprit ou dans l'activité des affaires que cette ardeur de nouveauté et d'avenir a pris son origine et son point d'appui; et quand les classes qui l'avaient d'abord ressentie en ont été ou désabusées ou lassées, quand elles ont appris de l'expérience qu'elles avaient trop prétendu et n'ont plus aspiré qu'au repos, elles se sont aperçues que cette prétention-là aussi était vaine, que la fermentation était descendue au sein des masses populaires, que là aussi, dans cette région vaste et obscure, l'ambition, le mouvement ascendant, l'élan raisonneur ou aveugle vers l'avenir s'étaient emparés des hommes, et les poussaient dans les voies les plus inconnues. Devant ce fait redoutable on s'est ému, on s'est troublé; on a flotté entre la sympathie et l'alarme; on a cédé, on a résisté; la concession, l'explosion et la compression se sont succédées rapidement; elles ont tour à tour fait un moment leur office, mais sans atteindre au fond des choses, sans que l'ardent esprit d'ambition et d'innovation qui circule dans nos veines soit ni étouffé ni satisfait.

Il y a là, à coup sûr, un mal et un péril graves, mais point un symptôme de décadence; c'est par des faits et à des signes bien différents que la décadence se révèle.

Après cinquante ans de guerres civiles, de proscriptions, de crimes et de souffrances effroyables, la République romaine avait succombé; l'Empire s'était établi au nom d'une nécessité pressante, évidente, comme le seul moyen de rendre au monde romain la paix intérieure et la sécurité de la vie civile, but premier et essentiel de l'état social. L'Empire pourtant ne satisfaisait point aux besoins et aux vœux de tous les Romains; son despotisme, sa corruption, son adulation de la multitude, le perpétuel mensonge de ses apparences et de son langage blessaient profondément les esprits élevés, les cœurs fiers, nombreux encore dans le Sénat, parmi les chevaliers, les jurisconsultes, les lettrés, dans les hautes classes de cette vieille société. A ceux-là il fallait, dans le gouvernement et dans le peuple, plus de liberté, de dignité et de vertu. Où les cherchaient-ils ? Dans le passé seul, dans le retour à l'ancienne République, à ses maximes, à ses lois, à ses mœurs ; ils ne désiraient, ils ne concevaient rien de plus, rien de moins, rien de différent. Qu'on interroge les plus nobles âmes, les plus glorieux interprètes de cette époque ; je n'en nommerai que deux, Tacite et Marc-Aurèle ; ils sont tristes, profondément tristes ; ils déplorent, ils méprisent leur temps ; mais ils ne méditent, ils n'imaginent rien pour le réformer ; on ne découvre dans leur esprit pas une vue d'avenir, aucune perspective d'un nouvel ordre politique ou moral ; la République, l'ancienne Rome qui n'est plus et qui ne peut renaître, est l'unique rêve de leur pensée ; ils ont des souvenirs et point d'idées, des regrets et point d'espérances.

Dans un coin reculé de l'Empire, au sein de la plus méprisée des peuplades soumises à ses lois, une petite société se formait, dans la plus profonde obscurité et de la plus humble condition, mais que Dieu animait de l'ambition la plus haute et la plus inouïe, l'ambition de réformer l'homme lui-même, tous les hommes, dans le monde entier et pour tous les siècles. Là était la puissance, car là étaient l'esprit nouveau et l'élan vers l'avenir.

Il y a un symptôme assuré de la décadence, c'est la stérilité, la stérilité des esprits et des cœurs. Quand l'homme ne projette, n'espère et ne poursuit rien de meilleur et de plus beau que ce qu'il voit et ce qu'il possède, quand les générations humaines ne font que vivre et mourir dans le présent, comme celles des feuilles qui poussent et tombent, la société s'en va : sa grandeur et sa force même, si elle en conserve, ne lui servent plus qu'à prolonger son affaissement ou son agonie. Gibbon a écrit l'histoire de l'Empire romain, depuis Auguste jusqu'à la prise de Constantinople par Mahomet II, et il l'a intitulée : *Histoire de la décadence et de la chute de l'Empire romain* ; Gibbon a eu raison ; l'Empire romain a mis quinze siècles à tomber, mais il est tombé pendant quinze siècles, tombé continûment, tout en achevant la conquête et en réglant l'administration du monde. Il n'y avait dans ce vaste corps plus d'ambition ni de fécondité morale, c'est-à-dire plus d'âme. Société ou individu, la vie de l'âme, c'est l'avenir.

Quel sera l'avenir de notre société ? Nul ne le sait, et je ne crois pas qu'aucun œil humain soit assez perçant pour le démêler. Mais, à coup sûr, nous avons assisté à l'un des plus vastes mouvements d'ambition humaine, à l'un des plus hardis élans vers l'avenir dont le monde ait été le théâtre. On peut reprocher à notre époque beaucoup de torts, mais non l'apathie d'esprit et de cœur. A Dieu ne plaise que je re-

garde ce mérite comme suffisant pour couvrir et réparer tous les torts!
L'avenir n'est point assuré aux hommes par cela seul qu'ils le désirent
et le poursuivent ardemment; les idées, les projets, les espérances
peuvent naître et se presser en foule dans leur âme sans s'accomplir
réellement et sans qu'ils atteignent le but où ils aspirent. C'est peu de
penser, d'imaginer, de rêver, de vouloir; des devoirs plus sévères nous
sont imposés, et nous portons une plus grande part de responsabilité
dans nos destinées. Il faut savoir agir ; il faut savoir attendre; attendre
et agir avec intelligence, avec persévérance, avec vertu, avec soumis-
sion à ces lois de Dieu sous l'empire desquelles notre vie s'écoule et
notre activité se déploie. Plus d'une fois déjà, dans l'histoire du genre
humain, de belles espérances ont avorté, de grands élans n'ont abouti
à rien, des époques qui portaient des germes féconds sont demeurées
stériles par la faute des hommes. Sommes-nous destinés à subir un
de ces tristes et humiliants revers? C'est le problème que nous avons
à résoudre. Ne nous flattons pas d'échapper à son fardeau ; si la décadence est notre partage, c'est nous qui l'aurons faite ; elle n'est point
écrite dans un passé fatal ; elle ne nous vient point de nos pères. C'est
à nous que reviendra l'honneur de porter plus haut la grande civilisation qu'ils nous ont léguée, ou la honte de la laisser décheoir et périr entre nos mains.

VII

Bien des gens tremblent que ce triste sort ne nous soit réservé, et à
l'appui de leur inquiétude, ils allèguent la vanité de nos efforts, depuis
soixante ans, pour fonder chez nous ce régime d'ordre légal et de liberté politique, cette intervention active et efficace du pays dans son
gouvernement qui étaient incontestablement, en 1789, le vœu et
l'espoir de nos pères. Nous avons cherché ce régime par toutes sortes
do voies, sous les drapeaux les plus divers ; nous l'avons entrevu,
nous y avons touché, nous l'avons possédé ; il est tombé : peut-il
jamais, après tant d'épreuves, se relever de ce tort et de ce malheur?

Je repousse cette prétention d'élever contre le régime constitutionnel seul, et par préférence, ce grief redoutable. Quel est, depuis
soixante ans, le régime qui n'est pas tombé ? Le pouvoir absolu a
échoué comme la liberté, les conquêtes de la guerre ont disparu comme
celles de la paix ; les régimes divers auraient mauvaise grâce à se
traiter mutuellement avec hauteur; ils ont tous subi les mêmes revers; ils ont tous été tour à tour enveloppés et emportés dans cet
orage qui, depuis soixante ans, souffle sur l'Europe. Cherchez contre
le régime constitutionnel d'autres armes que sa chute; il vous ren-

drait avec usure les coups dont vous l'auriez frappé; de tous nos régimes, c'est encore celui-là qui a le plus duré.

Même en tombant, il n'a pas perdu tout son empire, et quelques-uns
de ses meilleurs bienfaits ont survécu à ses fautes et à ses revers.
Nous avons assisté, depuis 1848, aux crises les plus redoutables; nous
avons traversé je ne sais combien de révolutions, de luttes, de violences intestines; pourquoi ces violences, ces luttes, ces révolutions
n'ont-elles pas fait cent fois plus de mal encore ? Pourquoi ont-elles été
contenues dans des limites plus étroites que ne le prévoyait l'alarme
publique ? N'est-ce pas évidemment par l'influence survivante du régime d'ordre légal, de droit et de liberté qui les avait précédées ? Les
principes et les exemples de ce régime ont été puissants encore au
milieu de ses ruines; il a accompli la belle parole du sage Indien :
« Soyez comme le bois de sandal qui embaume la hache qui le
frappe. »

Il y a deux puissances que je suis loin de tenir pour infaillibles,
mais qui méritent souvent qu'on les croie et toujours qu'on les écoute,
les masses et les esprits d'élite, le sentiment instinctif de la société et
la pensée réfléchie de ses chefs naturels. Qu'on les interroge l'une et
l'autre. Les masses sont bien indifférentes, bien silencieuses; elles
ont bien aisément abdiqué leurs prétentions et leurs habitudes; elles
sentaient l'abus de la liberté et le besoin du repos : mais elles sont, au
fond, moins changées qu'elles ne paraissent; les classes moyennes
n'ont pas cessé d'avoir en estime et en goût les garanties du régime
constitutionnel ; et dans ces multitudes si soumises, si contenues, les
mêmes passions, les mêmes rêves fermentent toujours. Laissez-là les
masses; recherchez ce que pensent, je ne dis pas les hommes engagés
depuis longtemps sous un drapeau que l'honneur leur commande de
garder, mais les esprits jeunes et distingués qui entrent dans le
monde ; croyez-vous qu'il aient renoncé à ces espérances d'activité et
de liberté politique qui ont rempli la vie de leurs pères ? Entrez dans
leurs rangs; écoutez-les : ils viennent de tous les points de l'horizon ;
ils sont divers d'origine, de profession, de condition sociale, de
croyances, de tendances; tous les anciens partis ont, parmi eux, des
descendants et des représentants; vous retrouverez là des conservateurs, des libéraux, des démocrates, des républicains; vous y enten-
drez discuter les vices comme les mérites du régime constitutionnel tel
qu'il a été compris et pratiqué parmi nous; les uns lui reprochent
d'avoir été trop impatient, les autres trop timide; d'autres l'accusent
de s'être transformé dans un régime parlementaire peu conforme à
nos traditions et à nos mœurs nationales; on cherche, pour la liberté
politique et le gouvernement représentatif, des conditions et des
formes nouvelles. Questions sérieuses, dissidences réelles et qui pour-

raient devenir importantes : mais au-dessus de toutes ces questions, de toutes ces dissidences, s'élève et plane un sentiment commun, une même pensée, l'aspiration à la vie politique, le désir de marcher et d'avancer dans ces mêmes voies de civilisation libérale où, depuis tant de siècles, les générations françaises ont fait tour à tour tant d'essais, d'écarts, de tâtonnements, de haltes, de retours, de chutes, et, tout compensé, tant de conquêtes et de progrès.

Si je porte mes regards de la France sur l'Europe et des peuples sur les gouvernements eux-mêmes, je rencontre partout, sous les apparences les plus diverses, la même tendance et le même fait. En Prusse, malgré la réaction si naturelle qui a suivi les désordres et les rêves de 1848, le régime représentatif persiste et s'établit sans bruit, grâce à la probité du Roi qui n'a pas accepté aveuglément la réaction, et à l'intelligence du pays qui ne se laisse pas emporter, à tout risque, dans l'opposition. En Autriche, où le régime représentatif, follement essayé, a disparu, le jeune Empereur et ses conseillers réforment profondément l'ordre civil, et adaptent, aux idées et aux intérêts du temps actuel, les lois, les institutions locales, toute l'administration de l'État. Quelle a été, en Russie, pendant un règne de trente ans, la pensée dominante, la préoccupation constante de l'empereur Nicolas ? Développer et améliorer l'état social à l'intérieur de son empire, seconder l'émancipation graduelle des serfs, réformer l'administration de la justice, des finances, faire servir le pouvoir absolu aux progrès de cette civilisation générale et active qui, on ne sait quel jour et sous quelles formes, rendra les peuples capables et jaloux d'autres progrès. Dans les pays et sous les régimes les plus différents, à travers les événements les plus contraires, malgré les nécessités et les embarras de la politique contemporaine, à des degrés très inégaux, le même esprit d'ambition sociale, de développement général, de justice, de sympathie et de liberté expansives, possède et pousse en avant l'Europe entière. Et cet esprit, que nous appelons l'esprit nouveau, c'est le même esprit qui, depuis quinze siècles, anime et féconde la société européenne. C'est l'esprit du passé aussi bien que de l'avenir. Il plane au-dessus de nos malheurs et de nos fautes, comme il est venu jusqu'à nous à travers les malheurs et les fautes de nos aïeux.

VIII

Laissons donc là nos découragements, et en même temps nos aveuglements, nos réticences intéressées, nos complaisances envers nous-mêmes; soyons sérieux et sincères, et voyons les choses comme elles sont, en nous et hors de nous. Nous nous sommes crus meilleurs que

nous ne sommes ; nous avons méconnu le mal inhérent à notre nature, et par conséquent la nécessité de lutter fortement et sans cesse
contre l'ennemi que nous portons en nous. Nous nous sommes crus
plus puissants que nous ne sommes ; nous avons méconnu non seulement les limites de notre puissance, mais les droits de la puissance
souveraine qui gouverne le monde et nous-mêmes ; nous n'avons pas
tenu compte des lois éternelles que Dieu nous a faites, et nous avons
follement prétendu mettre à leur place, et partout, nos propres lois.
Nous nous sommes crus plus avancés que nous ne sommes dans les
voies de la civilisation et de la liberté ; engagés dans ce grand et
rude travail de la fondation d'un gouvernement libre, nous n'en
avons pas bien mesuré les difficultés et les conditions ; nous nous
sommes trop flattés que nous y suffisions seuls ; nous avons trop
présumé de nos lumières et de nos forces ; nous avons trop oublié et
l'ignorance générale, et l'anarchie qui frappait à nos portes, et le
temps indispensable pour éclairer l'ignorance, et les alliés nécessaires
pour lutter contre l'anarchie. Voilà les erreurs que nous pouvons signaler sans les reprocher à personne, car nous y sommes tous tom-
bés ; voilà les vraies causes de nos mécomptes et de nos revers. Il y a
là de quoi rabattre notre orgueil, mais non de quoi anéantir notre espérance ; notre mal est de ceux qui se guérissent d'eux-mêmes quand
ils sont bien reconnus et vivement sentis. Poursuivons notre but: c'est
le bon droit, et c'est, depuis quinze siècles, l'effort laborieux de
l'Europe chrétienne ; ne soyons ni surpris ni alarmés des obstacles,
des lenteurs, des détours et retours de la route ; le succès, dans les
grands desseins, est toujours plus difficile et plus chèrement acheté
que ne l'a rêvé l'imagination des hommes ; et Dieu, qui promet « tout
le reste à ceux qui lui demanderont d'abord la sagesse », ne les dis-
pense pas de la souffrance ni du combat. Surtout, hâtons-nous de sor-
tir des ornières où l'esprit révolutionnaire nous a jetés ; elles nous
mèneraient toujours aux mêmes abîmes.

GUIZOT.